# Vorwort des Direktors

Willkommen in der Tate Gallery, einem der großen Kunstmuseen der Welt. Im Verlauf der letzten hundert Jahre sind die Sammlungen derart angewachsen, daß die dafür vorgesehenen Räumlichkeiten nicht mehr genügend Platz bieten; aus diesem Grund müssen die Ausstellungen jedes Jahr gewechselt werden. Dieses Programm mit dem Namen New Displays bietet neue Einblicke in die Sammlung und wird seit 1990 von British Petroleum unterstützt. Zweck dieses Katalogs ist also nicht eine bestimmte Ausstellung zu erläutern; er soll vielmehr ein Führer zu allen Sammlungen sein. Sie enthält aber auch einige der Gemälde und Skulpturen, die am häufigsten zu sehen sind. Auf Seite 30 können Sie sich über unsere Pläne zur Lösung des Raumproblems informieren: Bis zum Jahr 2000 beabsichtigen wir den Bau einer neuen Tate Gallery of Modern Art.

Informationen über die bei Ihrem Besuch laufenden Ausstellungen erfahren Sie aus der Broschüre New Displays, die im Laden erhältlich ist, sowie anhand des Audio-Guides, den Sie vom TateInform-Schalter in der Eingangshalle ausleihen können. Außerdem gibt es den Tate Gallery Illustrated Companion, der eine ausführliche Darstellung der Tate-Sammlungen mit über 300 Farbtafeln enthält.

Ich wünsche Ihnen viel Spaß bei Ihrem Rundgang und hoffe, daß Sie im nächsten Jahr wiederkommen, um eine weitere Auswahl der Schätze der Tate zu entdecken.

*Nicholas Serota*

# Inhalt

# So finden Sie sich in der Tate zurecht

### Zu Ihrer Orientierung

Direkt hinter dem Haupteingang und dem Clore-Eingang finden Sie Informationsschalter, wo Sie einen kostenlosen Lageplan der Galerie erhalten; diesem können Sie die jeweils laufenden Ausstellungen entnehmen. Der Schalter am Haupteingang hält zusätzlich Fotografien von jedem Werk der Sammlung sowie meist auch nähere Informationen für Sie bereit.

### Ein Besuch der Galerien

Praktisch alle Ausstellungsräume der Tate Gallery sind auf einer Ebene untergebracht. Die Haupträume sind U-förmig angelegt, wobei der Anfang in Raum 1 am weitesten vom Haupteingang entfernt liegt. Hier beginnt die Ausstellung mit britischen Gemälden des 16. und 17. Jahrhunderts und schreitet, nach Stilepochen geordnet, fort bis zur zeitgenössischen Kunst in Raum 30. Im Mittelpunkt der Tate liegen die großen Duveen Galleries, die Skulpturen vorbehalten sind.

Die Tate veranstaltet auch mehrere Sonderausstellungen - jedes Jahr drei bedeutende Expositionen von Leihobjekten sowie zahlreiche kleine Ausstellungen.

### Die Turner-Sammlung

Sie befindet sich in der Clore Gallery, zu der Sie durch Raum 18 der Hauptgalerie gelangen. Es ist aber auch lohnenswert, das Hauptgebäude zu verlassen und die Clore Gallery durch ihren eigenen Eingang zu betreten, um den Bau selbst und das Foyer besichtigen zu können.

### Zu den ausgestellten Werke

In jedem Raum wird auf einer Wandtafel das Thema der jeweiligen Exponate erläutert, und neben jedem Werk befindet sich ein Schild mit einigen erklärenden Angaben, die Ihnen die Betrachtung erleichtern sollen. Zusätzlich ist in der Rotunda (Bereich D des Lageplans) unser neuer Audio-Guide *TateInform* erhältlich. Er gibt Ihnen Informationen über jeden Raum der Hauptsammlung sowie über zahlreiche einzelne Kunstwerke, ohne daß Sie sich dabei an eine vorgegebene Raumabfolge halten müssen.

Der Haupteingang zur Clore Gallery von der Gartenterrasse aus gesehen

### Führungen, Vorträge und Filme

Die Galerie bietet jeden Tag vier kostenlose Führungen an, ferner zahlreiche Vorträge, die sowohl mittags als auch abends stattfinden, sowie Dokumentarfilme und Videos. Näheres entnehmen Sie bitte Ihrem TatePlan.

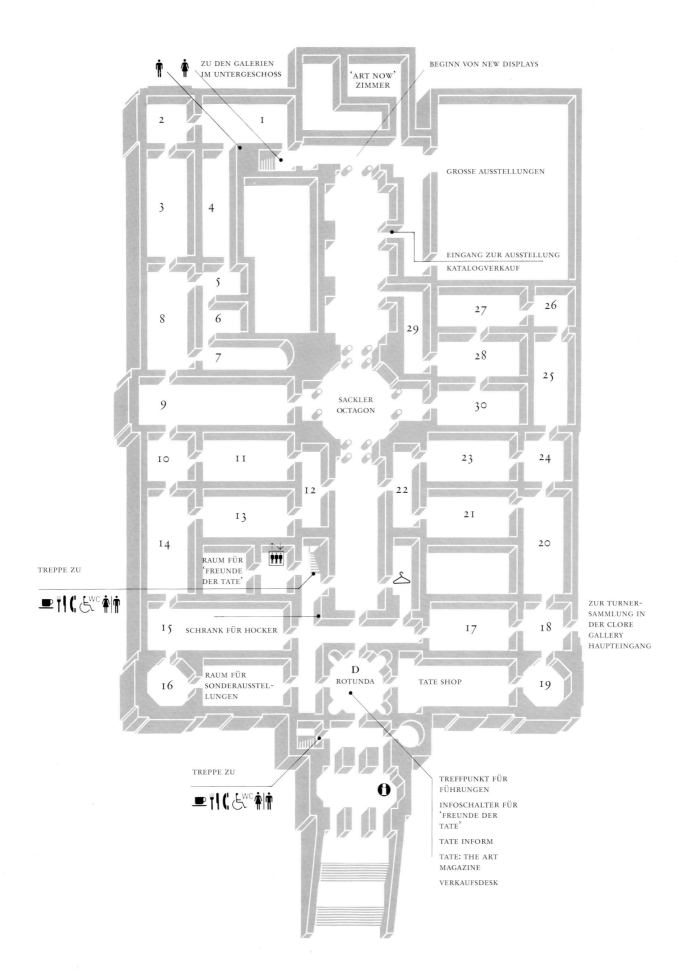

ZU DEN GALERIEN
IM UNTERGESCHOSS

BEGINN VON NEW DISPLAYS

'ART NOW'
ZIMMER

2

I

3

4

GROSSE AUSSTELLUNGEN

EINGANG ZUR AUSSTELLUNG

KATALOGVERKAUF

5

8

6

27

26

7

29

28

25

SACKLER
OCTAGON

9

30

10

11

23

24

12

22

13

21

14

20

RAUM FÜR
'FREUNDE
DER TATE'

TREPPE ZU

WC

ZUR TURNER-
SAMMLUNG IN
DER CLORE
GALLERY
HAUPTEINGANG

15

SCHRANK FÜR HOCKER

17

18

16

RAUM FÜR
SONDERAUSSTEL-
LUNGEN

D
ROTUNDA

TATE SHOP

19

TREPPE ZU

WC

TREFFPUNKT FÜR
FÜHRUNGEN

INFOSCHALTER FÜR
'FREUNDE DER
TATE'

TATE INFORM

TATE: THE ART
MAGAZINE

VERKAUFSDESK

# Die Geschichte der Tate Gallery

**Sir Hubert von Herkomer**
*Sir Henry Tate* 1897

Die Tate Gallery ist die staatliche Sammlung britischer Kunst vom 16. Jahrhundert bis heute, aber auch die Staatsgalerie für internationale moderne Kunst. Sie wird vorwiegend staatlich finanziert, erhält aber zusätzlich beträchtliche Gelder von großzügigen Sponsoren und Spendern.

Die Gründung der Tate im Jahre 1897 lag die Erkenntnis zugrunde, daß ein dringendes Bedürfnis nach einer staatlichen Galerie für britische Kunst bestand.

Die Initiative dazu ergriff 1889 Henry Tate, ein Sammler britischer Kunst, der durch Zuckerraffinierung zu großem Wohlstand gekommen war. Seine Firma Tate & Lyle besteht noch heute und unterstützt die Galerie nach wie vor tatkräftig. Henry Tate bot dem britischen Staat seine Sammlung an und dazu die Errichtung eines Gebäudes zu ihrer Unterbringung unter der Voraussetzung, daß die öffentliche Hand ein geeignetes Grundstück zur Verfügung stellte. Nach längeren Debatten wurde dieser Vorschlag angenommen, und die Tate Gallery konnte nach Plänen des Architekten Sydney Smith gebaut werden. Zur Eröffnung ergänzte man Henry Tates Sammlung von 67 Bildern mit britischen Gemälden und Skulpturen aus der National Gallery am Trafalgar Square und anderswo. Verwaltungstechnisch unterstand die Tate der National Gallery und hieß offiziell National Gallery of British Art, doch schon bald nannte man sie allgemein nur noch "die Tate". Henry Tate wurde zum Baronet Sir Henry Tate ernannt.

Bei ihrer Eröffnung umfaßte die Tate nur etwa ein Siebtel ihrer jetzigen Sammlung im heutigen Hauptgebäude, doch diese wuchs sie rasch an. 1910 finanzierte Joseph Joel Duveen (später Sir Joseph) einen Anbau, der das Turner-Vermächtnis beherbergen sollte. Dies war ein bedeutender Schritt, erhielt doch die Tate damit rund dreihundert Ölgemälde und über zwanzigtausend Aquarelle und Zeichnungen des größten britischen Malers der Romantik. Weitere Entwicklungen, denen die Tate ihre heutige Bedeutung verdankt, begannen 1917 mit dem Auftrag, eine staatliche Sammlung moderner Kunst des Auslands aufzubauen. Gleichzeitig wurde der Tate auch die Verantwortung für den gesamten Bereich der älteren britischen Kunst übertragen; bis dahin hatte sie sich auf Maler beschränkt, die nach 1790 geboren wurden. Außerdem erhielt die Galerie mit einem eigenen Direktor und einem Ausschuß von Kuratoren größere Unabhängigkeit von der National Gallery. Ausgangspunkt der modernen Kunst des Auslands bildete 1916 das Vermächtnis von Sir Hugh Lanes Sammlung moderner französischer Kunst, zu der eine Reihe bedeutender impressionistischer Werke gehörte (sie ist jetzt zwischen der National Gallery London und der National Gallery of Ireland aufgeteilt). 1955 schließlich wurde die Tate völlig unabhängig von der National Gallery.

Die Räumlichkeiten für die Sammlung moderner Kunst des Auslands wurden von Sir Joseph Joel Duveens Sohn (später Lord Duveen) erbaut und 1926 eröffnet. Im Jahr 1937 verlieh Lord Duveen der Tate durch den Bau der großen zentralen Skulptur-Galerien ihr heutiges Gepräge. 1979 wurde ein großer Anbau fertiggestellt, der den letzten Teil des ursprünglich rechteckigen Geländes einnahm. In der Folge dehnte sich die Tate auf das Gelände des leerstehenden Queen Alexandra Hospital aus. 1987 kam die Turner-Sammlung in

Eine Luftaufnahme der Tate Gallery von 1927

# MODERN COLLECTION - 20 TOUR

| Room | Inform Number | |
|---|---|---|
| 8 | 131 | Gwen John: Dorelia in a Black Dress - circa 1903-4 |
| 8 | 300 | Sir Jacob Epstein: Torso in Metal from 'The Rock Drill' - 1913-14 |
| 8 | 322 | David Bomberg: The Mud Bath - 1914 |
| 9 | 494 | Paul Cézanne: The Gardener Vallier - circa 1906 |
| 9 | 118 | Edgar Degas: Little Dancer Aged Fourteen - 1880-1, cast circa 1922 |
| 9 | 127 | Pablo Picasso: Seated Nude - 1909-10 |
| 9 | 135 | Georges Braque: Clarinet and Bottle of Rum on a Mantelpiece - 1911 |
| 9 | 105 | Claude Monet: Water-Lilies - after 1916 |
| 10 | 125 | Naum Gabo: Construction in Space with Crystalline Centre - 1938-40 |
| 11 | 576 | Paul Nash: Totes Meer (Dead Sea) - 1940-1 |
| 11 | 742 | Graham Sutherland: Crucifixion - 1946 |
| 11 | 301 | Michael Ayrton: The Captive Seven - 1949-50 |
| 12 | 200 | Alberto Giacometti: Standing Woman - 1948-9 |
| 12 | 710 | Alberto Giacometti: Venice Woman IX - 1956 |
| 12 | 655 | Francis Bacon: Three Studies for Figures at the Base of a Crucifixion - circa 1944 |
| 13 | 195 | Roy Lichtenstein - 1923-97 |
| 14 | 332 | Jackson Pollock: Summertime: Number 9A - 1948 |
| 14 | 421 | Jackson Pollock: Number 14 - 1951 |
| 14 | 249 | David Smith: Cubi XIX - 1964 |
| 15 | 579 | Henri Matisse: The Snail - 1953 |

die eigens dafür errichtete Clore Gallery, die von der Clore Foundation finanziert und von dem berühmten britischen Architekten Sir James Stirling entworfen wurde.

In der Absicht, die Staatssammlung britischer und moderner Kunst auch der Bevölkerung in anderen Regionen des Landes zugänglich zu machen, eröffneten die Kuratoren der Tate 1988 die Tate Gallery Liverpool und 1993, gemeinsam mit dem Cornwall County Council, die Tate Gallery St. Ives. Schließlich wurden 1994 Pläne für eine neue Tate Gallery of Modern Art in einem anderen Stadtteil Londons angekündigt. Mehr über diese Projekte erfahren Sie auf den Seiten 28 bis 30.

Die Duveen Galleries

# Die Sammlung der Tate

In den Verantwortungsbereich der Tate Gallery fällt die britische Kunst ab etwa 1550 sowie internationale moderne Kunst. Dabei konzentriert sich die Sammlung vorwiegend auf Gemälde und Skulpturen, schließt aber auch eine beträchtliche Anzahl von Aquarellen, Zeichnungen und Grafiken mit ein. Außerdem beherbergt die Galerie das Tate Gallery Archive of British Art, in dessen Besitz sich Skizzenbücher, Zeichungen, Briefe, Fotografien, Zeitungsausschnitte und audiovisuelles Material befinden.

In den ersten fünfzig Jahren ihres Bestehens erhielt die Tate keinerlei staatliche Zuschüsse für den Erwerb von Kunstwerken und hatte nur wenige Einnahmen aus anderen Quellen. Somit war sie fast gänzlich auf Schenkungen, Vermächtnisse und Spenden von Künstlern, Sammlern und anderen Wohltätern angewiesen. Seit 1946 erhält die Galerie cinen jährlichen Zuschuß, der aber nie mit den steigenden Preisen für Kunstwerke Schritt gehalten hat; somit sind Gönner nach wie vor wesentlich für den Fortbestand der Tate.

Die britische Sammlung der Tate macht es sich zum Ziel, die Geschichte der Malerei in Großbritannien seit etwa 1500 nachzuvollziehen, und legt dabei besonderes Augenmerk auf die einflußreichsten Meister. Wegweisende Künstler des 18. Jahrhunderts wie William Hogarth, Sir Joshua Reynolds, Thomas Gainsborough und George Stubbs sind zahlreich vertreten. Zusätzlich zur Turner-Sammlung besitzt die Galerie viele Werke seines großen Zeitgenossen John Constable, und auch William Blake ist mit einer hervorragenden Sammlung seiner Werke repräsentiert, darunter seinen Experimenten mit "Fresko" und Farbdrucken.

Joseph Wright of Derby
*Eine Eisenschmiede* 1772

Der Bestand an Werken der verschiedenen Kunstrichtungen des 19. Jahrhunderts ist umfassend. Die Entwicklung von Constable bis zum Impressionismus wird mit Landschaften in Öl und Aquarellen nachvollzogen, und die Bewegung hin zu größerer Detailtreue ist in einer herausragenden Präraffaeliten-Sammlung erhalten. Bei den Werken aus der zweiten Hälfte des Jahrhunderts finden sich akademische Themen wie etwa J.E. Millais' "Die Kindheit Raleighs" und Frank Bramleys "Hoffnungsloses Morgengrauen" sowie die japanisch inspirierte Abstraktion von J.A.M. Whistlers Nocturnes.

Die britische Kunst des 20. Jahrhunderts konnte in größerem Umfang als die früheren Stilperioden gesammelt werden, und die Tate besitzt repräsentative Werke zahlreicher moderner britischer Künstler, darunter Walter Sickert, Stanley Spencer, Barbara Hepworth, Henry Moore, Ben Nicholson, Francis Bacon, Lucian Freud und Anthony Caro. In der Sammlung internationaler

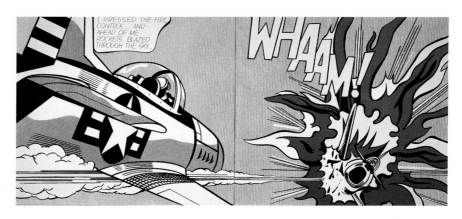

**Roy Lichtenstein**
*Whaam!* 1963

**Henry Moore**
*Liegende Figur* 1938

moderner Kunst finden sich herausragende Werke Picassos und bedeutende Arbeiten von Matisse einschließlich der berühmten späten Collage "Die Schnecke". Ferner kann die Tate eine bedeutende Sammlung von Surrealisten und wichtige Werke von Alberto Giacometti und Mark Rothko vorweisen.

Von den neueren Bewegungen sind Pop-art, Minimalismus und Konzeptkunst gut vertreten, ebenso wie die bedeutsame Entwicklung in der abstrakten Skulptur, die 1960 von Anthony Caro in Großbritannien eingeleitet wurde.

Durch den Erwerb zeitgenössischer Kunst legt die Tate Gallery den Grundstein zu einem großartigen Museum für die Kunst des späten 20. und des 21. Jahrhunderts.

**Sir Stanley Spencer**
*Die Wiederauferstehung, Cookham* 1923-2

# Gemälde der Tudor - und Stuartzeit

Die britische Kunst beginnt in der Tate 1545 mit dem bemerkenswerten "Porträt eines Mannes mit schwarzer Kappe" von dem relativ unbekannten John Bettes, der den Charakter seines Modells nicht minder überzeugend einfing als die großen kontinentalen Meister seiner Zeit. In der zweiten Hälfte des 16. Jahrhunderts kamen Künstler aus dem Ausland an den Hof von Königin Elizabeth (sie regierte 1558-1603) und in die Residenzen bedeutender Persönlichkeiten und lernten dort ihre britischen Kollegen kennen, die ihre Mäzene in der Pracht ihrer würdevollen, gebieterischen, im Grunde noch feudal geprägten Macht abbildeten.

Im folgenden Jahrhundert entwickelten Künstler aus den Niederlanden und Belgien eine neue Leichtigkeit und technische Eleganz, die etwa in Daniel Mytens Porträt eines jungen Mannes in Schwarz - es stellt möglicherweise James, den ersten Herzog von Hamilton dar - einen wunderbaren Ausdruck finden. Charles I (Regierungszeit 1625-49) war der bedeutendste königliche Kunstsammler und ein großer Gönner des flämischen Meisters Van Dyck. Gegen Ende seiner Regierungszeit wirkte der Engländer William Dobson, der sich mit seinem kraftvollen Porträt von Endymion Porter als würdiger Nachfolger Van Dycks erwies.

Im 17. Jahrhundert fanden neue Motive Eingang in die Malerei. Davon zeugen Stilleben von Edward Collins oder Tiergemälde wie das lebendige "Affen und Spaniels beim Spiel" von Francis Barlow. Auch Landschaften wurden nun abgebildet, anfangs von Holländern wie Jan Siberechts, doch bald nahmen sich Engländer ebenfalls dieses Sujets an.

**Henry Gibbs**
*Aeneas und Anchises fliehen aus dem brennenden Troja* 1654

Das Thema entstammt dem Heldenepos *Aeneas* des römischen Dichters Vergil, das vom Krieg zwischen Athen und Troja berichtet. Die Griechen konnten Troja schließlich einnehmen, indem sie sich im Bauch eines riesigen Holzpferdes verbargen, das sie den Trojanern als Geschenk überreichten. Das Pferd ist hier im Hintergrund zu sehen. Bei seiner Flucht aus der Stadt trägt der Held Aeneas seinen Vater auf den Schultern; damit versinnbildlicht er die Tugend des Respekts, den ein Sohn seinem Vater entgegenbringt.

## William Dobson
*Endymion Porter  um 1642-45*

Dobson gilt als der bedeutendste britische Maler des 17. Jahrhunderts. Der Porträtierte, Endymion Porter, war für den Erwerb von Kunstwerken für Charles I. verantwortlich und galt als überaus gebildeter, kultivierter Mann. Dies wird hier angedeutet durch die Büste des Apoll, des griechischen Gottes der Künste, und durch die Reliefskulptur unten rechts, die Malerei, Skulptur und Poesie repräsentiert. Aber Porter verstand sich auch als Sportsmann. Hier ist er zur Jagd gekleidet und trägt ein elegantes Gewehr mit Radschloß, mit dem er soeben einen Hasen erlegt hat.

Die flüssige, naturalistische Pinselführung sowie die lebendige Charakterisierung des Porträtierten verdeutlichen die Veränderungen, die sich seit den förmlichen Porträts der elizabethanischen Zeit vollzogen hatten.

## Francis Barlow
*Affen und Spaniels beim Spiel  1661*

Barlow war einer der frühesten britischen Meister, die sich auf Tiermalerei und Sport- und Jagdszenen verlegten. Diese Sujets erfreuten sich im 18. und 19. Jahrhundert allgemeiner Beliebtheit. Der prachtvolle Hintergrund des Gemäldes würde sich gut als Kulisse für das Bildnis einer bedeutenden Persönlichkeit eignen, doch statt dessen zeigt Barlow uns eine heitere Szene von Tieren beim Spiel. Einer der Affen versucht, eine Fliege zu fangen.

## Britische Schule des 17. Jahrhunderts
*Die Cholmondeley-Damen  um 1600-1610*

In der unteren linken Ecke dieses Gemäldes steht die Inschrift: "Zwei Damen der Familie Cholmondeley, die am gleichen Tage geboren wurden, am gleichen Tage heirateten und am gleichen Tage das Bett aufsuchten [d.h. ein Kind zur Welt brachten]." Dieses dynastische Ereignis wird hier, mit den Damen zeremoniell im Bett thronend, festgehalten. Im Format entspricht das Bild den Reliefarbeiten auf Grabmalen der gleichen Epoche.

# Das 18. Jahrhundert

Als Großbritannien im 18. Jahrhundert immer mächtiger wurde, kam auch die aufstrebende Kaufmannsschicht zu Wohlstand, und dementsprechend florierten die Künste. William Hogarth erwies sich als die bestimmende Gestalt der ersten Hälfte des Jahrhunderts. Mit seinem ausgeprägten, instinktiv erfassenden Stil bildete er alle Aspekte des Lebens und der Gesellschaft ab, häufig mit moralischem Nachdruck und satirischem Biß.

In der zweiten Jahrhunderthälfte wurde Hogarth durch Sir Joshua Reynolds abgelöst, einem äußerst erfolgreichen Porträtmaler, der seinen Modellen mit geistreichen Einfällen und Anspielungen auf die Vergangenheit eine starke Präsenz verlieh. Sein großer Rivale Thomas Gainsborough lehnte derlei intellektuelle Spielereien ab; er bediente sich eines wunderbar frischen, breiten Stils, mit dem er seine amüsierte Zuneigung und Achtung für seine Mitmenschen zum Ausdruck brachte.

Wie in der Porträtkunst gewann auch die Landschaftsmalerei durch Verweise auf die Vergangenheit eine tiefere Bedeutung. Als Quelle der Inspiration diente den Malern vielfach Italien. Der Porträtist Richard Wilson wurde durch eine Italienreise zum Landschaftsmaler und entwickelte sich in diesem Genre zum Vorbild der ihm folgenden großen Romantiker. Andere Künstler zeigten sich realitätsnäher und bildeten je nach Wunsch ihrer Gönner Pferde, Hunde und Häuser ab. George Stubbs wurde zum bedeutendsten Pferdemaler.

Joseph Wright of Derby ließ sich von der neuen Bilderwelt faszinieren, die die Schmelzöfen und Schmieden boten; mit seiner "Eisenschmiede" schuf er eines der Meisterwerke dieses Jahrhunderts.

**Thomas Gainsborough**
*Giovanna Baccelli   ausgestellt* 1782

Giovanna Baccelli, eine in London und anderen europäischen Großstädten gefeierte Tänzerin, war die Geliebte von John Sackville, dem dritten Herzog von Dorset, der dieses Bildnis in Auftrag gab. Die Porträtierte ist hier in ihrem Kostüm für das Ballett *Les Amants surpris* zu sehen, dem großen Erfolg der Londoner Ballettsaison 1781/82. Sie führt einen Tanzschritt aus und ist für die Bühne geschminkt. Das Gemälde zeigt den brillanten Fluß von Gainsboroughs Pinselführung in seiner Reifezeit sowie seine Fähigkeit, Leben und Bewegung einzufangen.

**Sir Joshua Reynolds**
*Drei Damen schmücken einen Statue des Hymen*   1773

Porträts wie dieses beeindruckten Reynolds Zeitgenossen aufgrund der Bezüge auf die klassische Kunst und Kultur, die er einflocht. Zudem bewies er bei der Wahl seiner Verweise großes Geschick: Hier wird die zukünftige Braut Elizabeth Montgomery (in der Mitte) als Priesterin dargestellt, die Hymen, dem griechischen Gott der Ehe, ein Opfer darbringt. Dabei gehen ihr ihre zwei Schwestern zur Hand, rechts Anne, die vor kurzem geehelicht hatte, und Barbara, die bald nach der Fertigstellung dieses Gemäldes heiraten sollte. Die drei Schwestern waren berühmte Schönheiten der Gesellschaft.

**George Stubbs**
*Stuten und Fohlen in einer Flußlandschaft um*
*1763-68*

Dies ist eines von mindestens neun Gemälden
mit Stuten und Fohlen, die Stubbs in den 1760er
Jahren schuf. Sein herausragendes Können in
der Darstellung von Pferden beruhte auf sys-
tematischen anatomischen Studien. Andererseits
besaß er aber auch ein außerordentliches
Gespür für geordnete und ansprechende
Kompositionen. Hier sind die Stuten und
Fohlen auf eine Art und Weise gruppiert, die
sehr natürlich wirkt und gleichzeitig ein ausge-
wogenes, harmonisches Ganzes bildet.

**William Hogarth**
*Ach der Rinderbraten vom alten England*
*("Die Toren von Calais")* 1748

1748 unternahm Hogarth eine Reise nach
Frankreich, gelangte aber nur bis Calais, wo
man ihm beim Skizzieren der
Befestigungsanlagen als Spion verhaftete. Er
wurde wieder nach England deportiert, und
dort entstand diese antifranzösische Satire: Die
hungernden Franzosen betrachten neidvoll die
riesige Rinderlende, die für die englische
Gaststätte in Calais bestimmt ist. Hogarth selbst
ist links im Bild beim Skizzieren zu sehen.

**John Constable**
*Flatford Mühle ("Szene auf einem schiffbaren Fluß")* 1816/17

Dieses Bild wurde fast ausschließlich in der freien Natur gemalt - eine bis dato unbekannte Vorgehensweise für ein Gemälde dieser Größe, das zu Ausstellungszwecken entstand. Durch diese Praxis wurde die Landschaftsmalerei (im Gegensatz zu Skizzen) womöglich naturgetreuer als je zuvor und stellte den Anfang von Constables Kampagne dar, "natürlichen" Landschaftsbildern als großer Kunstform zu Anerkennung zu verhelfen. Doch der Gedanke, Kunstwerke direkt nach der Natur zu malen, führte zu bedeutenden Veränderungen in der Malerei des späteren 19. Jahrhunderts.

**Richard Dadd**
*Der Meisterstreich des Feen-Töters* 1855-64

1843 tötete Richard Dadd seinen Vater und verbrachte den Rest seines Lebens in Irrenanstalten, wo er detailliert ausgeführte Visionen malte. Die Bedeutung dieses Gemäldes ist unklar, obwohl alle Umstehenden gebannt darauf warten, ob es dem Mann mit der Axt - dem Feen-Töter - gelingen wird, die Nuß mit einem Hieb zu zerteilen. Dadd schuf dieses Bild im Bethlem Hospital in London und ließ es im unfertigen Zustand dort zurück, als man ihn ins Broadmoor Gefängnis verlegte.

**William Blake**
*Elohim erschafft Adam* 1795/um 1805

Elohim ist einer der hebräischen Namen Gottes, des Schöpfers in der jüdischen und christlichen Tradition. Blake war allerdings der Ansicht, er sei ein falscher Gott (der Demiurg), der den Menschen im Augenblick der Schöpfung versklavte. Dies wird hier durch den großen Wurm symbolisiert, der sich um Adams Beine windet. Blake experimentierte mit Farbdrucken, und dieses Bild ist ein Druck aus einer Reihe, die in den Jahren um 1800 entstand.

# Die Romantik

**Joseph Mallord William Turner**
*Norham Castle, Sonnenaufgang um 1845*

Im Gegensatz zu Constable erfreute sich Turner bereits zu seinen Lebzeiten großer Beliebtheit. Das mag zum Teil darin begründet sein, daß die Werke, die er ausstellte, im großen und ganzen der vorherrschenden akademischen Theorie seiner Zeit entsprachen, der zufolge die abgebildete Landschaft durch die Vorstellung des Malers verwandelt werden mußte. Dennoch galt Turner aufgrund seiner ausgefallenen Verwendung von Farbe und Licht und seiner innovativen dramatischen Behandlung von stürmischer See und Wetter seine gesamte Laufbahn hindurch als kontrovers. Gemälde wie dieses reichte er nie zu öffentlichen Ausstellungen ein, doch heute gehört es zu seinen bewundertsten Werken - eine vollendete Darstellung des Sonnenaufgangs an einem schönen Sommermorgen.

Mit dem Fortschreiten des 18. Jahrhunderts wurde dem Individuum immer größere Bedeutung zuerkannt. Die Französische Revolution fegte ein Regime beiseite, das menschliche Emotionen mit Füßen trat, und die Künstler begannen, ihre eigenen Gefühle zum Leben und zur Natur zu erforschen. Die daraus resultierenden aufwühlenden Gedanken führten zur Bewegung der Romantik. Inbesondere die Landschaftsmalerei bekam einen neuen Stellenwert J.M.W. Turner machte im Verlauf seines langen Lebens zahlreiche Skizzen in ganz Europa und schuf Aquarelle und Ölgemälde von großer Zartheit und Ausdruckskraft. John Constable erfand die Ölmalerei quasi neu als Mittel, um seine innersten Empfindungen angesichts der englischen Landschaft zu vermitteln. Andere beschäftigten sich mehr mit der inneren Welt des Geistes. William Blake entwickelte eine persönliche Mythologie, um den Sinn des menschlichen Lebens und dessen Platz in Gottes Schöpfung zu ergründen; dieses umfassende Thema behandelte er in langen, "prophetischen" Gedichten, aber auch in Gemälden und Aquarellen.

# Die Präraffaeliten und andere Viktorianer

1837 bestieg Königin Victoria den Thron. Rund zehn Jahre später, nämlich 1848, wurde in London die Präraffaelitische Bruderschaft ("PRB") gegründet. Diese aus sieben jungen Männern bestehende Gruppe unter der Leitung Dante Gabriel Rossettis, William Holman Hunts und John Everett Millais' wollte die britische Kunst revolutionieren, indem sie ernste Themen mit lebendiger Detailgetreue in der Natur malte. Der Name ihrer Verbindung spiegelte den Wunsch wider, zur Schlichtheit und Wahrhaftigkeit der Künstler des Mittelalters zurückzukehren. Zwar wurde die Bewegung anfangs als vulgär und schockierend abgelehnt, doch bald fand sie Bewunderung und gewann großen Einfluß.

Ihre Werke befassen sich mit Problemen der modernen Gesellschaft wie Trunksucht, Prostitution und Glücksspiel. Oft enthalten sie auch eine religiöse Botschaft, etwa Holman Hunts "Das erwachende Gewissen". Bei ihren geschichtlichen und literarischen Darstellungen brachte die PRB ihr Bemühen um Wahrhaftigkeit gegenüber dem Leben und der menschlichen Psychologie zum Ausdruck.

Unter dem Einfluß der Präraffaeliten entwickelten die Künstler der nächsten Generation eine neue Bildersprache voll poetischer Allegorie und Phantasie. Edward Burne-Jones etwa griff auf den Stil des wiederentdeckten Renaissancemeisters Botticelli zurück, Frederic Leighton auf die Kunst der klassischen Antike. Leightons dramatische lebensgroße Bronze "Athlet, mit einer Python ringend" beweist sein technisches Können, aber auch seine Liebe zur Antike. Aufgrund seines großen Erfolgs wurde Leighton als erster Künstler in den Adelsstand erhoben.

**Frederic, Lord Leighton**
*Athlet, mit einer Python ringend* 1877

Leighton war vorwiegend als Maler tätig; dies ist die erste der zwei großen Skulpturen, die er relativ spät im Leben schuf. Das Werk verdeutlicht Leightons Bewunderung für die griechische und römische Bildhauerei der Antike, und das Thema legt einen Vergleich mit einer der berühmtesten antiken Skulpturen nahe, der "Laokoongruppe", in der drei Gestalten von einer Schlange erdrückt werden. Die Ausführung ist sehr idealisierend, aber auch detailgetreu und hebt die emotionale Beteiligung des Athleten am Kampf ebenso hervor wie seine Muskeln.

**Sir John Everett Millais, Baron**
*Ophelia* 1851/52

Das Motiv ist der Tod Ophelias aus Shakespeares Drama *Hamlet*. Ophelia wird durch das Verhalten ihres Verlobten Hamlet in den Wahnsinn getrieben. Eines Tages fällt sie beim Blumenpflücken aus Versehen in einen Bach und ertrinkt. In Shakespeares Darstellung ist unklar, ob sie sich hätte retten können. In Millais' Werk lebt sie noch, getragen von ihren weiten Gewändern, und singt, wie Shakespeare schreibt, "Stellen alter Weisen". Den Sommer 1850 über arbeitete Millais am Flußufer des Ewell in der Nähe von London am Bildhintergrund und malte dann die Figur selbst nach einem Modell, das in seinem Londoner Atelier in einer Badewanne lag. Diese Vorgehensweise war typisch für den realistischen Ansatz der Präraffaeliten.

**William Holman Hunt**
*Das erwachende Gewissen* 1853

Die hier dargestellte junge Frau ist eine
Mätresse. Sie ist vom Schoß ihres Geliebten
aufgesprungen und blickt aus dem Fenster in
das strahlende Licht, das in dem großen Spiegel
hinter ihr reflektiert wird. Das Licht symbolisiert Christus, und Hunts Titel des Werks legt
nahe, daß ihr Gewissen sich regt und sie das
moralisch Verwerfliche ihrer Situation erkennt.
Hunt sah dieses Bild als Gegenstück zu seinem
berühmten Gemälde von Christus als "Das
Licht der Welt", von dem sich eine Version in
der St. Paul's Cathedral in London befindet.

**Dante Gabriel Rossetti**
*Proserpine* 1874

In der griechischen Sage wird Proserpine von
Pluto, dem Gott der Unterwelt, geraubt und
zur Ehe mit ihm gezwungen. Der Versuch ihrer
Mutter, sie zu retten, ist nur zum Teil erfolg-
reich: Da Proserpine bereits vom Granatapfel
gekostet hat, muß sie eine Hälfte des Jahres bei
Pluto bleiben. Rossetti verwendete hier seine
Geliebte Jane Morris als Modell, die wie
Proserpine in einer lieblosen Ehe gefangen war.

**Georges Braque**
*Klarinette und Rumflasche auf einem Kaminsims* 1911

In kubistischen Bildern wie diesem spielt der Maler mit dem Betrachter ein Spiel - er soll den Gegenstand aus Fragmenten und Anspielungen selbst zusammensetzen. Die Klarinette wird offenbar aus mehr als einem Blickwinkel dargestellt, wie auch der geschwungene Rand des Kaminsimses unten rechts. Die Rumflasche läßt sich um die Buchstaben RHU ausmachen. Das Wort VALSE (Walzer) schwebt im Bild: Braque rundet sein Gemälde ab, indem er mit Hilfe dieses Wortes den Tanz heraufbeschwört. Eine solche Verwendung von Wörtern war eine der bahnbrechendsten Entwicklungen des Kubismus.

**Constantin Brancusi**
*Maiastra* 1911

Brancusi versuchte in seinen Skulpturen eine reine, spirituelle Schönheit darzustellen. Zu diesem Zweck wandte er sich vom menschlichen Körper ab und beschäftigte sich mit der Tierwelt. Eines seiner Lieblingstiere war der Vogel, vermutlich wegen seiner spirituellen Assoziationen und seiner einfachen Form. Maiastra ist der Name eines magischen goldenen Vogels der rumänischen Volkslegende. Brancusi polierte seine Bronzen, um die Schönheit des Materials hervorzuheben, die hier durch den Kontrast mit dem rauhen Steinsockel noch unterstrichen wird.

# Die frühe Moderne

**Matthew Smith**
*Akt, Fitzorystrasse Nr. 1*  1916

Britische Künstler griffen die Innovationen des Kubismus und Fauvismus nur zögernd auf. Dies ist ein erstaunlich kühnes Gemälde von Matthew Smith, der in der Pariser Kunstschule von Matisse studiert hatte, dem bedeutendsten Maler des Fauvismus. Die ganze Komposition beruht auf dem Kontrast von grellem Grün und Rot. Dies sind Komplementärfarben, das heißt, sie ergänzen sich im Farbkreis, und wirken in dieser Zusammenstellung kräftiger als in jeder anderen Kombination. Der Titel des Bildes stammt von der Adresse von Smiths Atelier in der Londoner Fitzroy Street, die in einem bekannten Künstlerviertel der damaligen Zeit lag.

In den ersten Jahren des 20. Jahrhunderts vollzogen sich in der Kunst des Westens umfassende Veränderungen. Die tiefgreifendste war vielleicht die Entwicklung einer Richtung, die als Kubismus bekannt wurde - eine Erfindung Pablo Picassos und Georges Braques. In Bildern wie Braques "Klarinette und Rumflasche auf einem Kaminsims" scheinen Fragmente von Objekten im Raum zu schweben. Diese verfremdende Wirkung entsteht dadurch, daß der Künstler die bislang nie hinterfragte Vorschrift bricht, Objekte von nur einem Blickwinkel aus darzustellen. Die Kubisten betrachteten die Dinge von allen Seiten. Häufig stellten sie ein Ganzes lediglich durch eines seiner Teile dar oder verwendeten statt eines Bildes nur ein Wort, um die Realität zu vermitteln. Der Kubismus eröffnete zahlreiche neue Möglichkeiten zur künstlerischen Behandlung der Realität - eine Entwicklung, die heute noch fortdauert.

Die Fauvisten und die deutschen Expressionisten zergliederten die Gestalt nicht, sondern vermittelten Gedanken und Gefühle, indem sie Formen und Farben brachen. Die fauvistische Malerei machte erstmals 1905 in Paris auf sich aufmerksam; ihren Namen erhielt sie aufgrund der kraftvollen, derben Farbgebung und Pinselführung: *fauve* bedeutet soviel wie "wilde Tiere". Deutsche Expressionisten verwendeten ebenfalls grelle Farben, und auch sie waren um die Vermittlung einer geistigen Verfassung bemüht.

Gleichzeitig veränderten sich die Traditionen in der Bildhauerei, teils durch die Kubisten und teils durch die Innovationen von Constantin Brancusi. 1904 zog es Brancusi aus seiner rumänischen Heimat nach Paris, wo er zum berühmtesten der frühen modernen Bildhauer wurde.

**Ernst Ludwig Kirchner**
*Badende bei Moritzburg*  1909/26

Kirchner war das führende Mitglied der deutschen Expressionistengruppe "Die Brücke", die 1905 in Dresden gegründet wurde. Der Begriff "Expressionismus" bezieht sich auf die Praxis, Form und Farbe zu brechen, um eine "expressionistische" Wirkung zu erzielen - also Gefühle zu vermitteln. Zur Lebensphilosophie der Brücke-Mitglieder gehörte eine einfache Existenz in Harmonie mit der natürlichen Welt. Diese Vorstellung setzten sie bei Ausflügen an die Seen von Moritzburg in der Nähe von Dresden um, wo im Freien nackt gebadet wurde. Ein solcher Ausflug lieferte das Thema zu diesem Gemälde.

# Surrealismus und Abstrakte Kunst

In den zwanziger und dreißiger Jahren des 20. Jahrhunderts teilte sich die westliche Kunst in zwei große, bestimmende Strömungen auf: Surrealismus und Abstrakte Kunst. Dazwischen bewegten sich Künstler wie der Deutsche Max Beckmann, der einen völlig eigenständigen Weg einschlug.

Piet Mondrian war einer der Begründer der rein geometrischen abstrakten Kunst. Seine typische Schachbrett-Kompositionstechnik entwickelte er zwischen etwa 1912 und 1920, und die "Komposition mit Grau, Rot, Gelb und Blau" gehört zu den ersten Werken seiner Reifezeit. Die surrealistische Bewegung wurde 1924 von dem Dichter und Kritiker André Breton gegründet. Der Ausgangspunkt dazu war Sigmund Freuds Theorie des Unbewußten. Breton zufolge sollten die Künstler Freuds Methoden der Traumdeutung und der freien Assoziation zu ihren Zwecken abändern und mit diesen Mitteln das Unterbewußtsein erforschen. Die halluzinatorische Klarheit von Salvador Dalís Gemälde ist traumgleich, während der Bildersprache eine Art freie Assoziation zugrundeliegt. Pablo Picasso gehörte der Gruppe der Surrealisten nie an, stand ihr in den zwanziger Jahren aber nahe und wurde von Breton sehr bewundert.

**Salvador Dalí**
*Metamorphose des Narzißes* 1937

Narziß war in der griechischen Mythologie ein junger Mann von großer Schönheit, der nur sich selbst liebte. Die Nymphe Echo verzehrte sich nach ihm und starb, als er ihre Liebe zurückwies. Zur Strafe verliebte er sich in sein eigenes Spiegelbild, das er in einem Teich erblickte, und starb an Enttäuschung, als er es nicht umarmen konnte. Daraufhin verwandelten die Götter ihn in die Blume, die wir als Narzisse kennen. In Dalís Gemälde scheint die Verwandlung des Jünglings in Hand, Ei und Blume vor den Augen des Betrachters stattzufinden.

**Piet Mondrian**
*Komposition mit Grau, Rot, Gelb und Blau*
1920–*um* 1926

Mondrian bemühte sich um spirituellen Ausdruck und eine reine Form der Schönheit, indem er die Malerei auf ihre fundamentalsten Komponenten in ihrer aller vereinfachsten Form reduzierte. Von etwa 1920 an verwendete er nur mehr vertikale und horizontale Geraden, die drei Primärfarben sowie die drei "Nichtfarben" Weiß, Schwarz und Grau und als Formen lediglich Quadrate und Rechtecke.

**Max Beckmann**
*Fastnacht* 1920

Für Beckmann stellte das zügellose Treiben des Karnevals möglicherweise das Äquivalent zu den gesellschaftlichen und politischen Wirren in Deutschland nach dem Ersten Weltkrieg dar. Die Figuren im Faschingskostüm sind allesamt Porträts. Bei der Frau handelt es sich um Fridel Battenburg, die sich um Beckmann kümmerte, als er nach einem Nervenzusammenbruch aus der Armee entlassen wurde. Der Mann ist I.B. Neumann, ein Kunsthändler, der Beckmanns Bedeutung schon sehr früh erkannte. Die Gestalt am Boden ist eine Darstellung des Malers selbst, verkleidet als Clown oder Narr.

**Pablo Picasso**
*Drei Tänzer* 1925

Während Picasso an einem Bild von drei Tänzern arbeitete, erfuhr er vom Tod seines Freundes Ramon Pichot. Diese Nachricht führte zu drastischen Veränderungen: Das schwarze Profil Pichots ist rechts im Bild zu sehen. Bei der Tänzerin es sich möglicherweise um Pichots Frau, die Jahre zuvor einen anderen Freund, Carlos Casagemas, zurückgewiesen und damit in den Selbstmord getrieben hatte. Möglicherweise ist dieser als die gekreuzigte Figur in der Mitte dargestellt. Dieses Werk erregte bei den Surrealisten große Bewunderung.

# Die Kunst der Nachkriegszeit

Nach dem Zweiten Weltkrieg reflektierte die Kunst in Europa größtenteils den Krieg und seine Folgen. Zwei führende Persönlichkeiten der europäischen Kunst der vierziger und fünfziger Jahre waren der britische Maler Francis Bacon und der in Paris beheimatete Bildhauer Alberto Giacometti. Seine Figuren sind abgemagert und manchmal auch entstellt; Bacon vergleicht seine Menschen mit Tieren oder sogar mit Fleischstücken, und ihre Gesichter erstarren häufig im Ausdruck eines stummen Schreis. Beiden Künstlern geht es darum, die Isolation des modernen Menschen darzustellen.

Für die amerikanischen Künstler hatte der Krieg weitaus weniger traumatische Folgen. In den dreißiger Jahren hatte eine Generation amerikanischer Künstler die Innovationen der europäischen Frühmoderne entdeckt - Kubismus, Abstrakte Kunst, Surrealismus. Diese Künstler schlossen sich in New York zu einer losen Gruppe zusammen, die Ende der vierziger Jahre eine neue Art der Malerei entwickelte; etwa 1952 erhielt sie die Bezeichnung Abstrakter Expressionismus. Ihre Vertreter glaubten, nur abstrakte Kunst könne wirklich modern sein; aber auch sie wollten Gefühle und Emotionen zum Ausdruck bringen. Dazu griffen sie auf den surrealistischen Ansatz zurück, Kunst aus dem Unterbewußtsein heraus mit dem Einsatz unwillkürlicher Prozesse (Automatismus) zu schaffen. Dies wird am deutlichsten bei Jackson Pollock ersichtlich, der bereits zur Zeit seines Todes bei einem Autounfall 1956 als der bekannteste abstrakte Expressionist galt. Pollock entwickelte eine sehr spontane, improvisierte Methode des Malens, bei der er seine innere Erlebniswelt direkt auf die Leinwand übertrug. Kritiker bezeichnen diese Vorgehensweise als "Action painting". Aber nicht alle abstrakte Expressionisten waren Action-Maler. Mark Rothko, eine führende Gestalt der "Farbfeld-Malerei", ging es vorwiegend darum, religiöse oder spirituelle Gefühle zu vermitteln.

**Mark Rothko**
*Schwarz auf rotbraun* 1958

Rothkos Ziel war, tiefe, kontemplative Geisteszustände darzustellen, die in seinen späteren Jahren häufig düsterer Natur waren. Dieses große Bild gehört zu einer Reihe, die er als Wandbilder für das Restaurant Four Seasons im Seagram Building in New York schuf. Allerdings wurden sie nie dort angebracht, weil er der Ansicht war, sie seien für ein mondänes Restaurant ungeeignet. 1970 wurde eine ähnliche Serie in einer Kapelle in Houston, Texas, aufgehängt. Die Tate Gallery besitzt neun der Seagram-Tafeln, die ihr vom Künstler gestiftet wurden. Meist werden sie gemeinsam in einem Raum ausgestellt.

**Jackson Pollock**
*Nummer 14* 1951

Bilder wie dieses schuf Pollock, indem er die Leinwand ungespannt auf dem Boden ausbreitete und von allen Seiten darauf arbeitete. Auf Fotos sieht man, wie er die Leinwand förmlich umtänzelte und dabei die Farbe direkt aus der Dose auftrug, indem er sie von Stöcken oder hart gewordenen Pinseln herabtropfen ließ; gelegentlich schüttete er sie auch auf. Anfang der fünfziger Jahre arbeitete er eine Zeitlang nur in Schwarz, und seine Gemälde sind nicht immer ausschließlich abstrakt: Hier kann man im Farbnetz seltsame Figuren und Gesichter ausmachen.

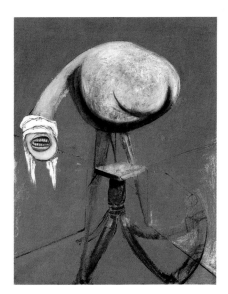
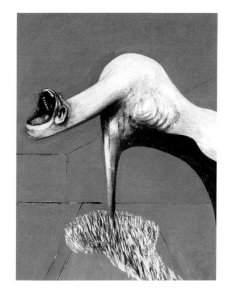

**Francis Bacon**
*Drei Studien für Figuren am Fuß einer
Kreuzigungsszene* um 1944

Diese Bilder entstanden in London gegen Ende
des Zweiten Weltkriegs; sie stehen am Beginn
von Bacons Reifezeit. Der Künstler änderte
dafür offenbar das Bild des gekreuzigten
Christus auf dramatische und originäre Weise
ab, um das Grauen des Krieges zu verdeut-
lichen. Die Figuren haben halb Tier-, halb
Menschengestalt: Ein Geier und möglicherweise
eine Hyäne bedrohen das straußartige Opfer.
Der aufgerissene Mund der hyänenartigen
Gestalt geht vermutlich auf eine Aufnahme von
Goebbels zurück, wie er bei einer Versammlung
eine Rede hält. Durch die Verwendung von
Fotografien erhält Bacons erschreckende
Bilderwelt eine dokumentarische Realität, die im
Laufe der Zeit immer ausgeprägter wurde.

**Alberto Giacometti**
*Zeigender Mann* 1947

Skulpturen wie diese gestaltete Giacometti erst
Anfang der vierziger Jahre, als er selbst bereits
über vierzig Jahre alt war. Sie bilden den
Höhepunkt im langen Bemühen des Künstlers,
Skulpturen zu schaffen, die ihm real erschienen.
Für ihn wirkten lebensgroße Figuren wie diese
nur richtig, wenn sie sehr dünn waren. Trotz der
Magerkeit und der grob bearbeiteten Oberfläche
wirken Giacomettis Gestalten tatsächlich
erstaunlich lebensecht, aber so, als würden sie
aus großer Distanz gesehen.

# Pop-art und Abstrakte Kunst

Pop-art entstand um 1960 in Großbritannien und Amerika. Sie hieß "Pop", weil sie ihre Inspiration aus der populären Kultur - Comics, Werbung, Hollywood - bezog. Auf beiden Seiten des Atlantiks kann Pop-art als Reaktion auf die Düsterkeit und Introspektion gelten, die einen Großteil der Kunst der Nachkriegszeit auszeichnet. Die britischen Pop-art-Künstler faszinierte vor allem die amerikanische Konsumgesellschaft, die ihnen glamourös und luxuriös, aber auch demokratisch erschien.

Gleichzeitig beschäftigten sich in den sechziger Jahren viele Künstler mit Abstraktion und griffen dabei die kühnen neuen Ansätze auf, die vor allem in Amerika in den vierziger und fünfziger Jahren entwickelt worden waren. Doch diese neue Generation abstrakter Maler wandte sich wie die Pop-art gegen die Introvertiertheit und den Mystizismus von Künstlern wie Jackson Pollock und Mark Rothko. Sowohl in Großbritannien als auch in Amerika fanden bedeutende Entwicklungen in der abstrakten Malerei und Bildhauerei statt, für die großräumige, unstrukturierte, unpersönliche Oberflächen kennzeichnend waren, große Flächen in leuchtenden Farben sowie Extrovertiertheit, Optimismus und Lebensbejahung.

**Bernard Cohen**
*Floris*  1964

Dieses Gemälde erhielt seinen Namen nach einer Konditorei im Londoner Stadtteil Soho, deren Intérieur Cohen sehr bewunderte. Eine weitere Anregung lieferte die "geschlossene" Welt der Artus-Sagen. Cohen malte zuerst das kleine Land oben links und betonte dann dessen Umgrenzung, indem er es mit weißen Punkten hervorhob und es mit Konturlinien umgab, wobei er Rot mit Schwarz übermalte. Die äußeren Konturlinien wurden mit "Speichen" verstärkt. Die verbliebenen Bereiche wurden angefüllt; am auffallendsten ist dabei das Knäuel schwarzer Linien. Zum Schluß setzte Cohen über dieses Muster die Konturlinien fort, bevor er das Bild mit der Spirale unten links beendete.

**David Hockney**
*Ein größeres Geplätscher*  1967

1964 reiste Hockney zum erstenmal nach Kalifornien; heute lebt er ständig dort. Besonders fühlte er sich von der kalifornischen Lebensweise angesprochen, die sich rund um den Swimmingpool abspielt, und in den sechziger Jahren machte er eine Reihe von Pool-Gemälden, die als seine typischsten Werke gelten. Dieses ist das bekannteste dieser Serie. Auch wenn es mit fotografischer Realität gemalt scheint, wurde vieles weggelassen, und die Komposition hat eine strenge Geometrie, die nur durch das aufspritzende Wasser gebrochen wird. Hockney verwandte große Sorgfalt auf das Malen des spritzenden Wassers und sagte später: "Mir gefällt der Gedanke, daß ich zwei Wochen brauche, um ein Ereignis von zwei Sekunden zu malen."

**Andy Warhol**
*Marilyn Diptychon* 1962

Andy Warhol wurde zum berühmtesten aller
Pop-art-Künstler. Marilyn Monroe starb im
August 1962 und bis zum Ende des Jahres hatte
Warhol rund 23 Bilder von ihr gemalt, die alle
auf eine Aufnahme von ihr für den Film
*Niagara* (1953) zurückgingen. Die
Wiederholung des Bildes betont das Subjekt,
verdeutlicht aber auch, daß das Bild ein abstrak-
tes Muster aus Form und Farbe ist. Dieses Werk
wurde interpretiert als eine Darstellung des
Stars in Leben und Tod - die fehlende Farbe und
das verblassende Bild rechts deuten auf
Marilyns Sterben hin.

**Sir Anthony Caro**
*Eines frühen Morgens* 1962

1960 begann Anthony Caro, Skulpturen aus
Stahlplatten und Stahlträgern zusammen-
zubauen, die er dann bemalte. Diese Werke
waren wie dieses häufig sehr groß und lagen
direkt auf dem Boden, um den Betrachter auf
eine neue Art und Weise anzusprechen. In vielen Fällen zog das offene Gerüst den Betrachter
noch tiefer in die räumliche und farbliche Welt
der Skulptur hinein. Caros Titel (hier 'Early
One Morning') sind keinesfalls beschreibend,
rufen aber Assoziationen hervor, die dem Geist
des Werks zu entsprechen scheinen.

**Cathy de Monchaux**
*Ausradiern* 1989

Seit Anfang der achtziger Jahre erforscht Cathy de Monchaux die Möglichkeiten konträrer Materialien. Wie in vielen früheren Arbeiten vereint sie hier derartige Materialien zu einem Werk, das männlich und gleichzeitig weiblich ist: Die äußere Hülle eines Jeans-Reißverschlusses, ergänzt durch die maskuline Symbolik von Hosenknöpfen, öffnet sich, um ein ausgesprochen weibliches Innenleben zu enthüllen, das wiederum einen phallischen Metallbolzen umgibt. Der Titel 'Ausradiern' deutet auf ein Verwischen oder Aufheben der Geschlechterdefinitionen hin.

**Christian Boltanski**
*Die Reserve der toten Schweizer* 1990

Boltanski beschäftigt sich seit langem mit Themen wie Leben und Tod, Liebe und Verlust, Tragödie und Gewalt. Diese sind in der Kunst keine neuen Sujets, doch Boltanski entwickelte erstaunlich lebendige Möglichkeiten, sie zu behandeln. Dieses Werk ist eine moderne Überarbeitung bekannter Stilleben in der Art von *memento mori* oder *vanitas*; es erinnert den Betrachter an die Vergänglichkeit des Lebens. Die Fotografien stammen aus Todesanzeigen in Schweizer Zeitungen. Boltanksi wählte Schweizer Bürger, weil sie einer soliden, stabilen Gesellschaft angehören und durch den Tod offensichtlich die größten materiellen Verluste erleiden. Doch das Werk verweist auch auf die Verhöre und Massenmorde des 20. Jahrhunderts.

# Zeitgenössische Kunst

Im letzten Jahrzehnt wurde die Kunst pluralistischer als je zuvor, und Künstler beschäftigen sich mit einer großen Bandbreite von Stoffen und Themen. Die traditionellen Genres Malerei und Skulptur sind in den reifen Werken älterer Künstler ebenso wie bei jüngeren Kunstschaffenden zu finden. Doch viele jüngere Künstler erforschen neue Methoden im Schaffen von Kunst. Dabei wird zunehmend mit Fotografie gearbeitet, gelegentlich zusammen mit anderen Materialien wie hier in Christian Boltanskis großer Installation "The Reserve of Dead Swiss". Cathy de Monchaux verarbeitet Stoffe und Metall zu Werken, in denen organische Formen überzeugend mit harten, mechanischen kombiniert werden. Im allgemeinen fällt an der zeitgenössischen Kunst auf, daß sie sich mit dem Körper ebenso beschäftigt wie mit gesellschaftlichen, politischen oder persönlichen Themen.

**Lucian Freud**
*Leigh Bowery* 1991

Dies ist ein Porträt des verstorbenen australischen Performance-Künstlers Leigh Bowery. Lucian Freud lernte ihn 1990 kennen und verwendete ihn sofort als Modell für eine Reihe lebensgroßer Aktstudien, aber auch kleinerer Werke wie dieses. Bemerkenswert sind sie aufgrund der Art und Weise, wie Freud die massige Fülle seines Subjekts mit vielfach strukturierten Pinselstrichen wiedergibt, um die materielle Substanz der Farbe hervorzuheben. Freud bemerkte zu dieser Technik: "Ich möchte, daß die Farbe wie Fleisch wirkt."

**Georg Baselitz**
*Ohne Titel* 1982/83

Der deutsche Künstler Georg Baselitz begreift sich vorwiegend als Maler, doch 1979 begann er auch als Bildhauer zu arbeiten. Als Begründung führte er an, die Skulptur sei weniger von Einschränkungen umgeben als die Malerei: "Sie ist primitiver und brutaler." Baselitz fertigte seine Objekte mit Axt, Meißel und Säge an; beim näheren Betrachten der ausdrucksstarken Oberflächen dieses Werks kann man den Einsatz dieser Werkzeuge noch erkennen. "Was ich tue, ist eine Methode direkter Aggression", sagte er einmal. Nach der Fertigstellung wurden einige Teile mit Farbe beschmiert.

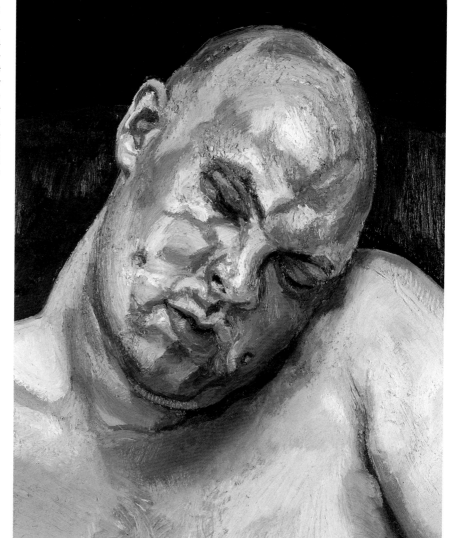

# Zur Erhaltung der Sammlungen

Dieser Auschnitt vom linken oberen
Bildrand von "Die Oise bei Auvers"

**Vincent van Gogh**
*Die Oise bei Auvers* 1890

Hinter den Kulissen arbeitet die Konservierungsabteilung der Tate, deren Aufgabe es ist, eine Minderung der Kunstwerke zu verhindern und verschmutzte oder beschädigte Gemälde zu reinigen und zu restaurieren.

Dabei wird der vorsorgenden Konservierung Vorrang eingeräumt. Gemälde, die leicht Schaden erleiden könnten, erhalten einen Glasüberzug, unter dem sie vor Unfällen, Verschmutzung und Temperatur- und Feuchtigkeitsschwankungen geschützt sind. Zerbrechliche Skulpturen werden mit einem Gehäuse umgeben, in dem die atmosphärischen Bedingungen kontrolliert werden. Gedämpftes Licht trägt dazu bei, ein Ausbleichen von Papier und Farben zu verhindern. Die kühnen weißen Pinselstriche am Himmel in Van Goghs Gouache "Die Oise bei Auvers" von 1890 waren ursprünglich so kräftig rosa farben wie der Rand, der durch das Passepartout geschützt wurde und dadurch nicht verblaßte.

John Singer Sargents "Almina, die Tochter Asher Wertheimers" vor der Reinigung

Das gleiche Bild nach der Reinigung

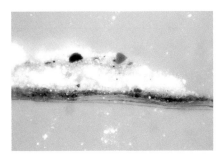

Ein Querschnitt durch den Sargent

Im Laufe der Zeit benötigen Werke trotz aller Vorsichtsmaßnahmen eine Behandlung, denn die Zeit hinterläßt ihre Spuren, und alter, verfärbter Firnis und die Folgen früherer Restaurierungsmaßnahmen müssen entfernt werden. Jedes Werk stellt eine neue Herausforderung an das Können der Restauratoren dar. So war John Singer Sargents Ölbild "Almina, die Tochter Asher Wertheimers" von 1908 außer an den Rändern mit dunklen Firnisschichten bedeckt. Nach der Reinigung waren wieder die ursprünglichen kühlen Farben und Sargents lebendige Handhabung der Farben zu sehen.

Vor der Behandlung wurde die vielschichtige Struktur von Sargents Gemälde eingehend untersucht. Am aufschlußreichsten ist dabei das Verfahren, Querschnitte zu erstellen. Es wurden winzige Proben entnommen, die sämtliche Materialschichten enthielten, in Kunstharz eingebettet und mikroskopisch untersucht. So wurden die Schichten aus Firnis, Schmutz, ursprünglicher Farbe und Untergrund deutlich erkennbar, und damit konnten Reinigungstechniken angewendet werden, um die verfärbten späteren Firnisschichten und den Schmutz zu entfernen, die die erste Firnisschicht überlagerten.

# Tate Gallery St. Ives

Da Cornwall den Künstlern des 19. Jahrhunderts viele Inspirationen lieferte, entwickelte sich St. Ives zu einem wichtigen Zentrum der modernen britischen Kunst. Die Tate Gallery besitzt eine bedeutende Sammlung von Gemälden und Skulpturen von Künstlern, die von etwa 1925 bis 1975 mit St. Ives verbunden waren, wie Ben Nicholson, Barbara Hepworth, Naum Gabo, Roger Hilton, Peter Lanyon und Patrick Heron.

In der Tate Gallery St. Ives, die im Sommer 1993 ihre Pforten öffnete, können Besucher die Kunstwerke in der Region betrachten, in der sie entstanden, umgeben von der Landschaft und dem Meer, die sie beeinflußten. Die Galerie zeigt wechselnde Werke aus der Sammlung der Tate, ergänzt durch Leihgaben. Dabei kommen jeweils sechzig bis siebzig Werke - Gemälde, Skulpturen, Drucke und Keramiken - zur Ausstellung, ebenso wie Material aus dem Archiv der Tate Gallery.

Der Bau der neuen Galerie nach Entwürfen des Architekturbüros Eldred Evans und David Shalev wurde vom Cornwall County Council finanziert. Mit seinen offenen Räumen, der detaillierten Innenarchitektur und den atemberaubenden Blicken ist bereits das Gebäude an sich ein faszinierendes Kunstwerk.

Von London kommend, erreichen Besucher die Galerie mit einer fünfeinhalbstündigen Bahnfahrt und viele verbringen ein ganzes Wochenende hier, um die Landschaft und die Kunst zu genießen.

# Barbara Hepworth Museum und Skulpturgarten

Dame Barbara Hepworth lebte ab 1949 im Trewyn Studio in St. Ives, Cornwall, wo sie 1975 im Alter von zweiundsiebzig Jahren starb. In ihrem Testament äußerte sie die Bitte, "die Möglichkeit [zu erwägen], eine ständige Ausstellung einiger meiner Werke im Trewyn Studio und Garten einzurichten."

1980 wurde das Barbara Hepworth Museum von ihrer Familie und ihren Nachlaßverwaltern dem Staat übergeben. Es ist insofern einmalig, als in keinem anderen britischen Museum das Werk einer Künstlerin in der Umgebung ausgestellt wird, in der sie viele Jahre lang lebte und wirkte.

# Tate Gallery Liverpool

Die 1988 eröffnete Tate Gallery Liverpool ist in einem Teil der Albert Docks untergebracht, einem bemerkenswerten, denkmalgeschützten Komplex viktorianischer Lagerhäuser. Sie wurden von dem britischen Architekten James Stirling umgebaut und bieten nun auf drei Stockwerken Ausstellungsräume, die jährlich über eine halbe Million Besucher anziehen.

Die Tate Gallery Liverpool organisiert Ausstellungen aus der staatlichen Sammlung moderner Kunstwerke, die vielfach noch nie außerhalb Londons zu sehen waren. Durch diese Ausstellungen können Besucher im Norden Großbritanniens einige der besten Werke der Tate-Sammlung kennenlernen. Ergänzend zu den wechselnden Expositionen finden Ausstellungen mit Leihgaben aus privaten und öffentlichen Sammlungen aus aller Welt statt. Das Bildungsprogramm der Galerie gilt als das innovativste in ganz Großbritannien.

# Die Zukunft der Tate

Bankside von der Themse

1990 erkannten die Kuratoren der Tate Gallery, daß die Tate Sammlung den Räumlichkeiten an der Millbank entwachsen war. Nach ausgedehnten Diskussionen beschlossen sie, eine neue Tate Gallery of Modern Art in einem anderen Teil Londons zu eröffnen. Das gegenwärtige Museum wird sich dem ursprünglichen Plan entsprechend wieder der britischen Kunst widmen.

### Tate Gallery of British Art

Die Tate Gallery of British Art an der Millbank wird die Entwicklung britischer Kunst von der Renaissance bis heute nachvollziehen. Dazu werden die Werke britischer Künstler von über sechs Jahrhunderten ausgestellt, die sich in der umfassenden Sammlung der Tate befinden - etwa Hogarth, Blake, Turner, Constable, Millais, Sickert, Spencer, Nicholson, Hepworth, Moore und Bacon -, aber auch moderne und zeitgenössische britische Kunst. Zudem soll hier der Austausch zwischen britischen Künstlern und ihren ausländischen Kollegen dokumentiert werden.

### Tate Gallery of Modern Art

In London und Großbritannien besteht schon lange Bedarf an einem Museum, in dem Besucher sich mit der Kunst des 20. Jahrhunderts auseinandersetzen können sowie mit den sich wandelnden sozialen und politischen Bedingungen, in denen diese Kunst entstand. Die neue Galerie wird internationale moderne Kunst des 20. Jahrhunderts zeigen, etwa vom Fauvismus - der ersten modernen Bewegung dieses Jahrhunderts - bis heute. Moderne britische Kunst wird sowohl in der neuen Galerie als auch in der Tate Gallery of British Art vertreten sein.

Im April 1994 verkündeten die Kuratoren ihren Plan, das Bankside Kraftwerk in die Tate Gallery of Modern Art zu verwandeln. Bankside ist ein bemerkenswertes Gebäude von Sir Giles Gilbert Scott, das in dramatischer, kontrastreicher Lage direkt gegenüber der St. Paul's Cathedral im Londoner Stadtteil Southwark liegt. Im Januar 1995 wurden die Architekten Jacques Herzog und Pierre de Meuron beauftragt, das stillgelegte Kraftwerk in ein neues Museum moderner Kunst für das 21. Jahrhundert umzugestalten. Den Plänen zufolge soll die neue Tate Gallery of Modern Art sechs Räume enthalten, die eine bestmögliche Nutzung des natürlichen Lichts gewährleisten. Jeder Saal deckt ein weites Gebiet moderner Kunst ab, das in einem etwa zweistündigen Rundgang erforscht werden kann. Die Ausstellungen werden in gewissen Zeitabständen wechseln, aber viele der bedeutendsten Werke werden ständig zu sehen sein. Außerdem ist geplant, jährlich drei große Ausstellungen von Leihgaben zu veranstalten.

Bankside in seinem augenblicklichen Zustand

Eine Luftaufnahme von Bankside, deren Umbau zur Tate Gallery of Modern Art geplant ist

# Allgemeine Information

## Wie Sie die Tate erreichen

U-Bahn: Pimlico

Busse: 88, C10 (hält hinter der Galerie); 77A
(hält vor der Galerie); 2, 36, 185 (halten in der
Vauxhall Bridge Road); 507 (von Waterloo oder
Victoria, hält an der Lambeth Bridge)

## Ankunft

Der Haupteingang der Tate liegt an der
Millbank gegenüber der Themse. Sie erreichen
ihn über eine Treppe.

Der Eintritt zur Galerie ist frei; nur für große
Sonderausstellungen wird ein Eintrittsgeld ver-
langt.

## Öffnungszeiten

Montag bis Samstag: 10 bis 17.50 Uhr
Sonntag: 14 bis 17.50 Uhr
Geschlossen: Neujahr, Karfreitag, 1. Montag im
Mai, Heiligabend, 1. und 2. Weihnachtstag
Einrichtungen für Behinderte
In der Tate Gallery sind Behinderte willkom-
men. Eine beschränkte Anzahl von Rollstühlen
ist am Eingang John Islip Street erhältlich; dort
befinden sich auch eine Rampe und ein Aufzug,
so daß alle Teile der Galerie zugänglich sind.
Rollstühle können im Voraus bei der
Museumsaufsicht, Tel. 0171-887 8813, bestellt
werden oder auch bei Artsline, dem telefoni-
schen Behinderten-Informationsdienst für die
Künste in London, Tel. 0171-388 2227.

## Information

Informationsschalter befinden sich am
Haupteingang und in der Clore Gallery. Die
Mitarbeiter stehen bei einer Vielzahl von
Anfragen zur Verfügung. Tel. 0171-887 8725

## Sonderveranstaltungen

Die Bildungsabteilung der Tate Gallery organisiert eine Reihe von Sonderveranstaltungen,
von Abendvorträgen bis hin zu Schulbesuchen.
Tel. 0171-887 8761

## Skulptur-Führungen für Sehbehinderte

Für Sehbehinderte werden Führungen organ-
isiert, die zehn Skulpturen umfassen, damit sie
Werke durch Berühren erfahren können.
Vorausbuchung erforderlich unter
Tel. 0171-887 8734

## Studienraum

Im Studienraum in der Clore Gallery befinden
sich die Sammlung von J.M.W. Turners Werken
auf Papier sowie Teile der Sammlung der Tate
von Aquarellen und Zeichnungen britischer
Künstler.
Öffnungszeiten: Mittwoch 10.30 bis 16.30 nach
Vereinbarung.
Tel. 0171-887 8713

## Lagerräume

Besucher können Werke, die augenblicklich
nicht ausgestellt werden, nach Vereinbarung in
den Lagerräumen besichtigen. Vereinbaren Sie
bitte schriftlich einen Termin mit: Study
Collection Manager, Tate Gallery, Millbank,
London SW1P 4RG

## Bibliothek und Archiv

Die Bibliothek der Tate Gallery umfaßt britische Kunst ab etwa 1600 und internationale
moderne Kunst ab etwa 1870. Die Bibliothek
kann nach Vereinbarung zu Studienzwecken
benutzt werden.

Im Archiv befinden sich alle die Tate betref-
fenden Dokumente, aber auch das Archive of
Twentieth-Century British Art. Die Benutzung
dieser Einrichtung steht Doktoranden frei sowie
Interessierten zum Zweck von
Veröffentlichungen, Ausstellungen etc. Nur
nach Vereinbarung.
Bibliothek: Tel. 0171-887 8838
Archiv: Tel. 0171-887 8831

## Café und Restaurant

befinden sich im Untergeschoß. Im
Selbstbedienungs-Café wird ein kaltes Buffet
angeboten; Öffnungszeiten: Montag bis Samstag
10.30 bis 17.30 Uhr, Sonntag 14 bis 17.15 Uhr.
Im Restaurant, bekannt für seine exquisiten
Weine, können Sie von 12 bis 15 Uhr à la carte
bestellen. Sonntags geschlossen. Reservierung:
Tel. 0171-834 5754

## Kameras

Foto- und Videoaufnahmen der ständigen
Sammlungen sind erlaubt für Privatzwecke,
allerdings ohne Blitz, Ausleuchtung, Stative
oder andere Hilfsmittel. In Sonderausstellungen
ist das Fotografieren untersagt.

## Shop

Hier finden Sie eine Vielzahl von Büchern,
Postern und Postkarten mit Motiven aus der
Tate und anderen Sammlungen.
Montag bis Freitag: 10.30 bis 17.45 Uhr
Samstag: 10 bis 17.15 Uhr
Sonntag: 14 bis 17.45 Uhr

## Veröffentlichungen der Tate Gallery

Für einen illustrierten Katalog der vielfältigen
Bücher und Poster, die von der Tate veröffentlicht werden, schreiben Sie bitte an: Tate
Gallery Publications, Millbank, London SW1P
4RG. Auch nicht illustrierte Listen von Postern
und Dias sind erhältlich. Tel. 0171-887 8869

## Spenden an die Tate Gallery

Die Tate Gallery erhält private Spenden zur
Finanzierung ihrer Programme in London,
Liverpool und St. Ives. Unterstützung kommt
aus der Wirtschaft, von Einzelpersonen,
Vereinen und Stiftungen und kann in Form von
Sponsorships, Stiftungen, Mitgliedschaft,
Vermächtnissen und Schenkungen von
Kunstwerken geleistet werden.

Die Tate Gallery ist als gemeinnützige
Institution anerkannt, und der American Fund
for the Tate Gallery bietet amerikanischen
Spendern Steuerabzugsfähigkeit beim
amerikanischen Finanzamt.
Tel. 0171-887 8942

Verfasser: Simon Wilson, Kurator für
Öffentlichkeitsarbeit, Tate Gallery

Design: Herman Lelie
Satz: Tate Gallery Publications
Druck: Beacon Press, Uckfield

Veröffentlicht von Tate Gallery Publications,
Millbank, London SW1P 4RG

Titelseite: Henri Matisse,
"Die Schnecke", 1953
Rückseite: Auguste Rodin,
"Der Kuß", 1901-04